Paul VALERY (1871-1945)

# Philosophie de la danse

1936

Books On Demand

Copyright © 2022 Paul Valery
Édition : BoD – Books on Demand,
12/14 rond-point des Champs-Élysées, 75008 Paris.
Impression : BoD - Books on Demand, Norderstedt,
Allemagne. ISBN : 9782322375363
Dépôt légal : février 2022 Tous droits réservés

## " Philosophie de la danse"

*par Paul Valéry (1936)*

Avant que Mme Argentina vous saisisse, vous capture dans la sphère de vie lucide et passionnée que son art va former ; avant qu'elle montre et démontre ce que peut devenir un art d'origine populaire, création de la sensibilité d'une race ardente, quand l'intelligence s'en empare, la pénètre et en fait un moyen souverain d'expression et d'invention, il faut vous résigner à entendre quelques propositions que va, devant vous, risquer sur la Danse un homme qui ne danse pas.

Vous attendrez un peu le moment de la merveille, et vous vous direz que je ne suis pas moins impatient que vous d'en être ravi.

J'entre tout de suite dans mes idées, et je vous dis sans autre préparation que la Danse, à mon sens, ne se borne pas à être un exercice, un divertissement, un art ornemental et un jeu de société quelquefois ; elle est chose sérieuse et, par certains aspects, chose très vénérable. Toute époque qui a compris le corps humain, ou qui a éprouvé, du moins, le sentiment du mystère de cette organisation, de ses ressources, de ses limites, des combinaisons d'énergie et de sensibilité qu'il contient, a cultivé, vénéré la Danse.

Elle est un art fondamental, comme son universalité, son antiquité immémoriale, les usages solennels qu'on en a fait, les idées et les réflexions qu'elle a de tout temps engendrées, le suggèrent ou le prouvent. C'est que la Danse est un art déduit de la vie même, puisqu'elle n'est que l'action de l'ensemble du corps humain ; mais action transposée dans un monde, dans une sorte d'*espace-temps* qui n'est plus tout à fait le même que celui de la vie pratique.

L'homme s'est aperçu qu'il possédait plus de vigueur, plus de souplesse, plus de possibilités articulaires et musculaires qu'il n'en avait besoin pour satisfaire aux nécessités de son existence et il a découvert que certains de ces mouvements lui procuraient par leur fréquence, leur succession ou leur amplitude, un plaisir qui allait jusqu'à une sorte d'ivresse, et si intense parfois, qu'un épuisement total de ses forces, une sorte d'extase d'épuisement pouvait seule interrompre son délire, sa dépense motrice exaspérée.

Nous avons donc trop de puissances pour nos besoins. Vous pouvez facilement observer que la plupart, l'immense plupart, des impressions que nous recevons de nos sens ne nous servent à rien, sont inutilisables, ne jouent aucun rôle dans le fonctionnement des appareils essentiels à la conservation de la vie. Nous voyons trop de choses ; nous entendons trop de choses dont nous ne faisons rien ni ne pouvons rien faire ; ce sont parfois les propos d'un conférencier.

Même remarque quant à nos pouvoirs d'action : nous pouvons exécuter une foule d'actes qui n'ont aucune chance de trouver leur emploi dans les opérations indispensables ou importantes de la vie. Nous pouvons tracer un cercle, faire jouer les muscles de notre visage, marcher en cadence ; tout ceci, qui a permis de créer la géométrie, la comédie et l'art militaire, est de l'action qui est inutile en soi, au fonctionnement vital.

Ainsi, les moyens de relation de la vie, nos sens, nos membres articulés, les images et les signes qui commandent nos actions et la distribution de nos énergies, qui coordonnent les mouvements de notre marionnette, pourraient ne s'employer qu'au service de nos besoins physiologiques, et se restreindre à attaquer le milieu où nous vivons, ou à nous défendre contre lui, de manière que leur unique affaire consistât dans la conservation de notre existence.

Nous pourrions ne mener qu'une vie strictement occupée du soin de notre machine à vivre, parfaitement indifférents ou insensibles à tout ce qui ne joue aucun rôle dans les cycles de transformation qui composent notre fonctionnement organique ; ne ressentant, n'accomplissant rien que de nécessaire, ne faisant rien qui ne fût une réaction limitée, une riposte finie à quelque intervention extérieure. Car nos actes utiles sont finis. Ils vont d'un état à un autre.

Voyez que les animaux ont l'air de ne rien percevoir, ni de ne rien faire d'inutile. L'œil d'un chien voit les astres, sans doute ; mais l'être de ce chien ne donne aucune suite à cette vue. L'oreille de ce chien perçoit un bruit qui la dresse et l'inquiète ; mais il n'absorbe de ce bruit que ce qu'il faut pour y répondre par une action immédiate et uniforme. Il ne s'attarde pas dans la perception. La vache, dans son pré, non loin duquel le Calais-Méditerranée roule à grand fracas, fait un bond, le train fuit ; nulle idée dans la bête ne court après ce train : elle revient à son herbe tendre, sans le suivre de ses beaux yeux. L'index de sa cervelle retourne aussitôt à zéro.

Les animaux, cependant, semblent parfois se divertir. Le chat, visiblement, joue avec la souris. Les singes font des pantomimes. Les. chiens se poursuivent, sautent au nez des chevaux ; et je ne sais rien qui donne l'idée du jeu le plus heureusement libre que les ébats des marsouins qui se voient au large, émerger, plonger, vaincre un navire à la course, lui passer sous l'étrave et reparaître dans l'écume, plus vifs que les vagues, et parmi elles et comme elles, brillant et variant au soleil. Est-ce déjà de la danse ?

Mais tous ces divertissements animaux peuvent s'interpréter comme des actions utiles, des poussées impulsives dues au besoin de consumer une énergie surabondante, ou de maintenir en état de souplesse ou de vigueur des organes destinés à l'offensive ou à la défensive vitale. Et je crois observer que les espèces qui paraissent le plus rigoureusement construites et douées des instincts les plus spécialisés, comme les fourmis ou les abeilles, paraissent aussi les plus économes de leur temps. Les fourmis ne perdent pas une minute. L'araignée guette et ne s'amuse pas sur sa toile. Mais l'homme ?

L'homme est cet animal singulier qui se regarde vivre, qui se donne une valeur, et qui place toute cette valeur qu'il lui plaît de se donner dans l'importance qu'il attache à des perceptions inutiles et à des actes sans conséquence physique vitale.

Pascal plaçait toute notre dignité dans la pensée ; mais cette pensée qui nous édifie, – à nos propres yeux, – au-dessus de notre condition sensible est exactement la pensée qui ne sert à rien. Remarquez qu'il ne sert de rien à notre organisme que nous méditions sur l'origine des choses, sur la mort ; et davantage, que les pensées de cet ordre si relevé seraient nuisibles plutôt, et même fatales à notre espèce. Nos pensées les plus profondes sont les plus indifférentes à notre conservation et, en quelque sorte, futiles par rapport à elles.

Mais notre curiosité plus avide qu'il n'est nécessaire, mais notre activité plus excitable qu'aucun but vital ne l'exige, se sont développées jusqu'à l'invention des arts, des sciences, des problèmes universels, et jusqu'à la production d'objets, de formes, d'actions dont on pouvait facilement se passer.

Mais encore cette invention et cette production libres et gratuites, tout ce jeu de nos sens et de nos puissances se sont trouvés peu à peu une sorte de *nécessité* et une sorte d'*utilité*.

L'art comme la science, chacun selon ses voies, tendent à faire une sorte d'utile avec de l'inutile, une sorte de nécessaire avec de l'arbitraire. Ainsi, la création artistique n'est pas tant une création d'œuvres qu'une création du *besoin des œuvres* ; car les œuvres sont des produits, des offres, qui supposent des demandes, des besoins.

Voilà bien de la philosophie, pensez-vous... Je le confesse... J'en ai mis un peu trop. Mais quand on n'est pas un danseur ; quand on serait bien en peine non seulement de danser, mais d'expliquer le moindre pas ; quand on ne possède, pour traiter des prodiges que font les jambes, que les ressources d'une tête, on n'a de salut que dans quelque philosophie, – c'est-à-dire que l'on reprend les choses de fort loin avec l'espoir de faire évanouir les difficultés par la distance. Il et beaucoup plus simple de construire un univers que d'expliquer comment un homme tient sur ses pieds. Demandez à Aristote, à Descartes, à Leibniz et à quelques autres.

Cependant, un philosophe peut bien regarder l'action de quelque danseuse, et, remarquant qu'il y trouve du plaisir, il peut aussi bien essayer de tirer de son plaisir le plaisir second d'exprimer ses impressions dans son langage.

Mais d'abord, il peut en tirer quelques belles images. Les philosophes sont friands d'images : il n'est pas de métier qui en demande davantage, quoiqu'ils les dissimulent parfois sous des mots couleur de muraille. Ils en ont créé de célèbres : l'un, une caverne ; l'autre, un fleuve sinistre que l'on ne repasse jamais ; un autre, un Achille qui s'essouffle après une tortue inaccessible. Les miroirs parallèles, les coureurs qui se passent un flambeau, et jusqu'à Nietzsche avec son aigle, son serpent, son danseur de corde, c'est tout un matériel, toute une figuration d'idées dont on pourrait faire un fort beau ballet métaphysique où se composeraient sur la scène tant de symboles fameux.

Mon philosophe, cependant, ne se contente pas de cette représentation. Que faire devant la Danse et la danseuse pour se donner l'illusion d'en savoir un peu plus qu'elle-même sur ce qu'elle sait le mieux et qu'on ne sait pas le moins du monde ? Il faut bien qu'il compense son ignorance technique et dissimule son embarras par quelque ingéniosité d'interprétation universelle de cet art, dont il constate et subit les prestiges.

Il s'y met ; il s'y consacre à sa façon... La façon d'un philosophe, son entrée en danse est bien connue... Il esquisse le pas de l'*interrogation*. Et, comme il sied à un acte inutile et arbitraire, il s'y livre sans prévoir de fin ; il entre dans une interrogation illimitée, dans l'infini de la forme interrogative. C'est son métier.

Il joue son jeu. Il commence par son commencement ordinaire. Et le voici qui se demande :

« Qu'est-ce donc que la Danse ? »

Qu'est-ce donc que la Danse ? Il s'embarrasse et se paralyse aussitôt les esprits, – ce qui le fait songer d'une fameuse question et d'un fameux embarras de saint Augustin.

Saint Augustin confesse qu'il s'est demandé un jour ce que c'est que le Temps ; et il avoue qu'il le savait fort bien quand il ne pensait pas à s'interroger ; mais qu'il se perdait dans les carrefours de son esprit dès qu'il s'appliquait à ce nom, s'y arrêtait et l'isolait de quelque emploi immédiat et de quelque expression particulière. Remarque très profonde...

Mon philosophe en est là : hésitant sur le seuil redoutable qui sépare une question d'une réponse, obsédé par le souvenir de saint Augustin, rêvant dans sa pénombre à l'embarras de ce grand saint :

« Qu'est-ce que le Temps ? Mais qu'est-ce que la Danse ?... »

Mais la Danse, se dit-il, ce n'est après tout qu'une forme du Temps, ce n'est que la création d'une espèce de temps, ou d'un temps d'une espèce toute distincte et singulière.

Le voici déjà moins soucieux : il a fait le mariage de deux difficultés. Chacune, à l'état séparé, le laissait perplexe et sans ressource ; mais les voici conjointes. L'union sera féconde, peut-être.

Il en naîtra quelques idées, et c'est là précisément ce qu'il cherche, c'est son vice et son jouet.

Il regarde alors la danseuse avec des yeux extraordinaires, les yeux extra-lucides qui transforment tout ce qu'ils voient en quelque proie de l'esprit abstrait. Il considère, il déchiffre à sa guise le spectacle.

Il lui apparaît que cette personne qui danse s'enferme, en quelque sorte, dans une durée qu'elle engendre, une durée toute faite d'énergie actuelle toute faite de rien qui puisse durer. Elle est l'instable, elle prodigue l'instable, passe par l'impossible, abuse de l'improbable ; et, à force de nier par son effort l'état ordinaire des choses, elle crée aux esprits l'idée d'un autre état, d'un état exceptionnel, – un état qui ne serait que d'action, une permanence qui se ferait et se consoliderait au moyen d'une production incessante de travail, comparable à la vibrante station d'un bourdon ou d'un sphinx devant le calice de fleurs qu'il explore, et qui demeure, chargé de puissance motrice, à peu près immobile, et soutenu par le battement incroyablement rapide de ses ailes.

Notre philosophe peut aussi bien comparer la danseuse à une flamme, et, en somme, à tout phénomène visiblement entretenu par la consommation intense d'une énergie de qualité supérieure.

Il lui apparaît aussi que, dans l'état dansant, toutes les sensations du corps à la fois moteur et mû sont enchaînées et dans un certain ordre, – qu'elles se demandent et se répondent les unes les autres, comme si elles se répercutaient, se réfléchissaient sur la paroi invisible de la sphère des forces d'un être vivant. Permettez-moi cette expression terriblement hardie : je n'en trouve pas d'autre. Mais vous saviez d'avance que je suis écrivain obscur et compliqué...

Mon philosophe, – ou, si vous préférez, l'esprit affligé de la manie interrogante, – se pose devant la danse ses questions accoutumées. Il applique ses *pourquoi* et ses *comment* ; ses instruments ordinaires d'élucidation, qui sont les moyens de son art à lui ; et il essaye de substituer, comme vous venez de vous en apercevoir, à l'expression immédiate et expédiente des choses, des formules plus ou moins bizarres qui lui permettent de rattacher ce gracieux fait : la Danse, à l'ensemble de ce qu'il sait, ou croit savoir.

Il tente d'approfondir le mystère d'un corps qui, tout à coup, comme par l'effet d'un choc intérieur, entre dans une sorte de vie à la fois étrangement instable et étrangement réglée ; et à la fois étrangement spontanée, mais étrangement savante et certainement élaborée.

Ce corps semble s'être détaché de ses équilibres ordinaires. On dirait qu'il joue au plus fin, – je veux dire : au plus prompt, – avec sa pesanteur, dont il esquive à chaque instant la tendance. Ne parlons pas de sanction !

En général, il se donne un régime périodique plus ou moins simple, qui semble se conserver de soi seul ; il est comme doué d'une élasticité supérieure qui récupérerait l'impulsion de chaque mouvement et la restituerait aussitôt. On songe à la toupie qui se tient sur sa pointe et qui réagit si vivement au moindre choc.

Mais voici une remarque d'importance, qui vient à cet esprit philosophant, qui ferait mieux de se distraire sans réserve et de s'abandonner à ce qu'il voit. Il observe que ce corps qui danse semble ignorer ce qui l'entoure. Il semble bien qu'il n'ait affaire qu'à soi-même et à un autre objet, un objet capital, duquel il se détache ou se délivre, auquel il revient, mais seulement pour y reprendre de quoi le fuir encore...

C'est la terre, le sol, le lieu solide, le plan sur lequel piétine la vie ordinaire, et procède la marche, cette prose du mouvement humain.

Oui, ce corps dansant semble ignorer le reste, ne rien savoir de tout ce qui l'environne. On dirait qu'il s'écoute et n'écoute que soi ; on dirait qu'il ne voit rien, et que les yeux qu'il porte ne sont que des joyaux, de ces bijoux inconnus dont parle Baudelaire, des lueurs qui ne lui servent de rien.

C'est donc bien que la danseuse est dans un autre monde, qui n'est plus celui qui se peint de nos regards, mais celui qu'elle tisse de ses pas et construit de ses gestes. Mais, dans ce monde-là, il n'y a point de but extérieur aux actes ; il n'y a pas d'objet à saisir, à rejoindre ou à repousser ou à fuir, un objet qui termine exactement une action et donne aux mouvements, d'abord, une direction et une coordination extérieures, et ensuite une conclusion nette et certaine.

Ce n'est pas tout : ici, point d'imprévu ; s'il paraît quelquefois que l'être dansant agit comme devant un incident imprévu, cet imprévu fait partie d'une prévision très évidente. Tout se passe comme si... Mais rien de plus !

Donc, ni but, ni incidents véritables, point d'extériorité...

Le philosophe exulte. Point d'extériorité ! La danseuse n'a point de dehors... Rien n'existe au-delà du système qu'elle se forme par ses actes, système qui fait songer au système tout contraire et non moins fermé que nous constitue le sommeil, dont la loi tout opposée est l'abolition, l'abstention totale des actes.

La danse lui apparaît comme un somnambulisme artificiel, un groupe de sensations qui se fait une demeure à soi, dans laquelle certains thèmes musculaires se succèdent selon une succession qui lui institue son temps propre, sa durée absolument sienne, et il contemple avec une volupté et une dilection de plus en plus *intellectuelles* cet être qui enfante, qui émet du profond de soi-même cette belle suite de transformations de sa forme dans l'espace ; qui tantôt se transporte, mais sans aller véritablement nulle part ; tantôt se modifie sur place, s'expose sous tous les aspects ; et qui, parfois, module savamment des apparences successives, comme par phases ménagées ; parfois se change vivement en un tourbillon qui s'accélère, pour se fixer tout à coup, cristallisée en statue, ornée d'un sourire étranger.

Mais ce détachement du milieu, cette absence de but, cette négation des mouvements explicables, ces rotations complètes (qu'aucune circonstance de la vie ordinaire n'exige de notre corps), ce sourire même qui n'est à personne, tous ces traits sont décisivement opposés à ceux de notre action dans le monde pratique et de nos relations avec lui.

Dans celui-ci, notre être se réduit à la fonction d'un intermédiaire entre la sensation d'un besoin et l'impulsion qui satisfera ce besoin.

Dans ce rôle, il procède toujours par la voie la plus économique, sinon toujours la plus courte : il recherche le rendement. La ligne droite, la moindre action, le temps le plus bref, semblent l'inspirer. Un homme pratique est un homme qui a l'instinct de cette économie de temps et de moyens, et qui l'obtient d'autant plus aisément que son but est plus net et mieux localisé : un *objet extérieur*.

Mais nous avons dit que la danse, c'est tout le contraire. Elle se passe dans son état, elle se meut dans elle-même, et il n'y a, en elle-même, aucune raison, aucune tendance propre à l'achèvement. Une formule de la danse pure ne doit rien contenir qui fasse prévoir qu'elle ait un terme. Ce sont des événements étrangers qui la terminent ; ses limites de durée ne lui sont pas intrinsèques ; ce sont celles des convenances d'un spectacle ; c'est la fatigue, c'est le désintéressement qui interviennent. Mais elle ne possède pas de quoi finir. Elle cesse comme un rêve cesse, lequel pourrait indéfiniment se poursuivre : elle cesse, non par l'achèvement de quelque entreprise, puisqu'il n'y a point d'entreprise, mais par l'épuisement d'autre chose qui n'est pas en elle.

Et donc, – permettez-moi quelque expression hardie, – ne pourrait-on la considérer, et je vous l'ai déjà fait pressentir, comme une manière de *vie intérieure*, en donnant à présent, à ce terme de psychologie, un sens nouveau où la physiologie domine ?

Vie intérieure, mais celle-ci toute construite de sensations de durée et de sensations d'énergie qui se répondent, et forment comme une enceinte de résonances. Cette résonance, comme toute autre, se communique : une partie de notre plaisir de spectateurs et de se sentir gagnés par les rythmes et virtuellement dansants nous-mêmes !

Allons un peu plus avant pour tirer de cette sorte de philosophie de la Danse des conséquences ou des applications assez curieuses. Si j'ai parlé de cet art, en me tenant à ces considérations très générales, c'est un peu avec l'arrière-pensée de vous conduire où je viens à présent. J'ai essayé de vous communiquer une idée assez abstraite de la Danse, et de vous la représenter surtout comme une action qui *se*

*déduit*, puis *se dégage* de l'action ordinaire et utile, et finalement *s'y oppose*.

Mais ce point de vue d'une très grande généralité (et c'est pourquoi je l'ai adopté aujourd'hui), conduit à embrasser beaucoup plus que la danse proprement dite. Toute action qui ne tend pas à l'utile, et qui, d'autre part, est susceptible d'éducation, de perfectionnement de développement, se rattache à ce type simplifié de la danse, et, par conséquent, *tous les arts peuvent être considérés comme des cas particuliers de cette idée générale*, puisque tous les arts, par définition, comportent une partie d'action, *l'action qui produit l'œuvre*, ou bien qui la manifeste.

Un *poème*, par exemple, est *action*, parce qu'un poème n'existe qu'au moment de sa diction : il est alors *en acte*. Cet acte, comme la danse, n'a pour fin que de créer un état ; cet acte se donne ses lois propres ; il crée, lui aussi, un temps et une mesure du temps qui lui conviennent et lui sont essentiels : on ne peut le distinguer de sa forme de durée. Commencer de dire des vers, c'est entrer dans une danse verbale.

Considérez aussi un virtuose au travail, un violoniste un pianiste. Ne regardez que les mains de celui-ci. Bouchez-vous les oreilles, si vous l'osez. Mais ne voyez que ces mains. Voyez-les agir et courir sur l'étroite scène que leur offre le clavier. Ces mains ne sont-elles pas des danseuses qui, elles aussi, ont dû être soumises pendant des années à une discipline sévère, à des exercices sans fin ?

Je vous rappelle que vous n'entendez rien. Vous ne faites que voir ces mains qui vont et viennent, se fixent en un point, se croisent, jouent parfois à saute-mouton ; tantôt l'une s'attarde, tandis que l'autre semble chercher les pas de ses cinq doigts à l'autre bout de la carrière d'ivoire et d'ébène. Vous soupçonnez que tout ceci obéit à certaines lois, que tout ce ballet est réglé, déterminé...

Observons, en passant, que si vous n'entendez rien et si vous ignorez le morceau qui se joue, vous ne pouvez du tout prévoir à quel point de ce morceau en est l'exécution. *Ce que vous voyez* ne vous montre *par aucun indice* l'état d'avancement de la tâche du pianiste ; mais vous ne doutez pas que cette action dans laquelle il est engagé ne soit à chaque instant soumise à une règle assez complexe, sans doute...

Avec un peu plus d'attention, vous découvririez dans cette complexité certaines restrictions à la liberté des mouvements de ces mains qui agissent et se multiplient sur le piano. Quoi qu'elles fassent, elles semblent ne pas le faire sans s'obliger à respecter je ne sais quelle égalité successive. La cadence, la mesure, le rythme se révèlent. Je ne veux pas entrer dans ces questions, qui, très connues et sans difficulté, dans la pratique, me paraissent manquer jusqu'ici d'une théorie satisfaisante ; comme il arrive d'ailleurs, en toute matière où le temps est directement en cause. Il faut alors en revenir à ce que disait saint Augustin.

Mais c'est un fait aisé à observer que tous les mouvements automatiques qui correspondent à un état de l'être, et non à un but figuré et localisé, prennent un régime périodique ; l'homme qui marche prend un régime de cette espèce ; le distrait qui balance son pied ou qui tambourine sur les vitres ; l'homme en profonde réflexion qui se caresse le menton, etc.

Encore un peu de courage. Poussons un peu plus loin : un peu plus loin de l'idée immédiate et accoutumée que l'on se fait de la danse.

Je vous disais, tout à l'heure, que tous les arts sont des formes très variées de l'action et s'analysent en termes d'action. Considérez un artiste dans son travail, éliminez les intervalles de repos ou d'abandon momentané ; voyez-le agir, s'immobiliser, reprendre vivement son exercice.

Supposez qu'il soit assez entraîné, sûr de ses moyens, pour n'être plus, au moment de l'observation que vous faites de lui, qu'un exécutant et, par conséquent, pour que ces opérations successives tendent à s'effectuer en des temps commensurables, c'est-à-dire *avec un rythme* ; vous pouvez alors concevoir la réalisation d'une œuvre d'art, une œuvre de peinture et de sculpture, comme une œuvre d'art elle-même, dont l'objet matériel qui se façonne sous les doigts de l'artiste n'est plus que le prétexte, l'accessoire de scène, le sujet du ballet.

Cette vue vous paraît hardie, j'imagine ? Mais songez que, pour maint grand artiste une œuvre n'est jamais achevée ; ce qu'ils croient être leur désir de perfection n'est peut-être qu'une forme de cette vie intérieure toute faite d'énergie et de sensibilité en échange réciproque et comme réversible, dont je vous ai parlé.

Rappelez-vous, d'autre part, ces constructions des Anciens qui s'élevaient au rythme de la flûte, dont les chaînes de manœuvres et de maçons observaient les commandements. Je pourrais vous raconter aussi la curieuse histoire que rapporte le *Journal* des Goncourt, d'un peintre japonais qui vint à Paris et fut convié par eux à exécuter quelques ouvrages devant une petite réunion d'amateurs.

Mais il est grand temps de clore cette danse d'idées autour de la danse vivante.

J'ai voulu vous montrer comment cet art, loin d'être un futile divertissement, loin d'être une spécialité qui se borne à la production de quelques spectacles à l'amusement des yeux qui le considèrent ou des corps qui s'y livrent, est tout simplement une *poésie générale de l'action des êtres vivants* : elle isole et développe les caractères essentiels de cette action, la détache, la déploie, et fait du corps qu'elle possède un objet dont les transformations, la succession des aspects, la recherche des limites des puissances instantanées de l'être, font nécessairement songer à la fonction que le poète donne à son esprit, aux difficultés qu'il lui propose, aux métamorphoses qu'il en obtient, aux écarts qu'il en sollicite et qui l'éloignent, parfois excessivement, du sol, de la raison, de la notion moyenne et de la logique du sens commun.

Qu'est-ce qu'une métaphore, si ce n'est une sorte de pirouette de l'idée dont on rapproche les diverses images ou les divers noms ? Et que sont toutes ces figures dont nous usons, tous ces moyens, comme les rimes, les inversions, les antithèses, si ce ne sont des usages de toutes les possibilités du langage, qui nous détachent du monde pratique pour nous former, nous aussi, notre univers particulier, lieu privilégié de la danse spirituelle ?

Je vous livre à présent, fatigués de parole, mais d'autant plus avides d'enchantements sensibles et de plaisir sans peine, je vous livre à l'art même, à la flamme, à l'ardente et subtile action de Mme Argentina.

Vous savez quels prodiges de compréhension et d'invention cette grande artiste a créés, ce qu'elle a fait de la danse espagnole. Quant à moi, qui ne vous ai parlé, et bien surabondamment, que de la Danse abstraite je ne puis vous dire combien j'admire le travail d'intelligence qu'a accompli Argentina quand elle a repris, dans un style parfaitement noble et profondément étudié, un type de danse populaire qu'il arrivait qu'on encanaillât facilement naguère, et surtout hors d'Espagne.

Je pense qu'elle a obtenu ce magnifique résultat, puisqu'il s'agissait de sauver une forme d'art et d'en régénérer la noblesse et la puissance légitime, par une analyse infiniment déliée des ressources de ce type d'art, et des siennes propres. Voilà qui me touche et qui m'intéresse passionnément. Je suis celui qui n'oppose jamais, qui ne sait pas opposer, l'intelligence à la sensibilité, la conscience réfléchie à ses données immédiates, et je salue Argentina en homme qui est exactement content d'elle comme il voudrait bien être content de soi.

FIN DU TEXTE